DEBUT D'UNE SERIE DE DOCUMENTS
EN COULEUR

LA

CHARITÉ

Ce n'est que dans la recherche des choses utiles que les nations deviennent grandes et les peuples heureux.

Je ne veux ni plaire ni déplaire, mais tâcher d'être vrai, parce que la vérité seule mène au bien.

COMBET (Jean-Louis).

LYON
F. PHILIPPE FILS
10, PLACE BELLECOUR

1885

EN VENTE

Chez F. PHILIPPE fils, libraire, 10, place Bellecour :

DU MÊME AUTEUR

Le Droit de punir.................. 0 fr. 50

Réflexions philosophiques de deux ânes.............................. 2 fr. »

Lyon. Association typographique, r. de la Barre, 12. — F. Plan, dir.

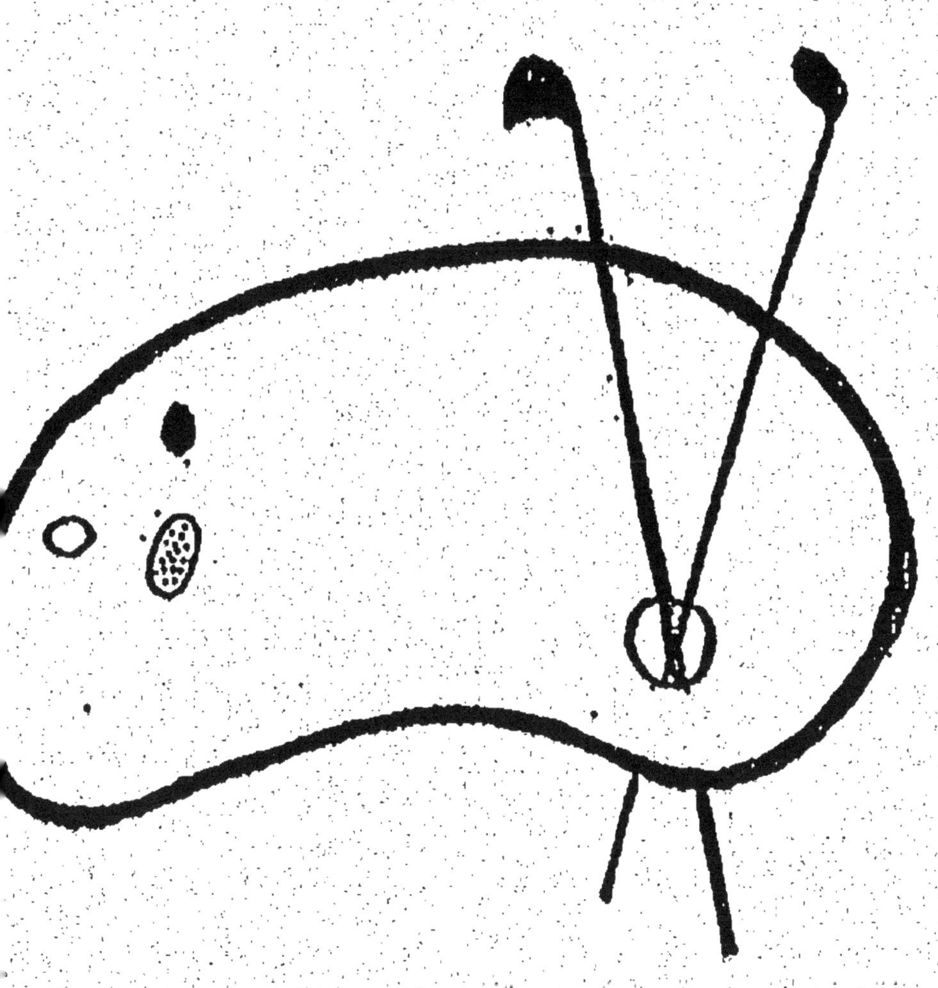

FIN D'UNE SERIE DE DOCUMENTS
EN COULEUR

LA CHARITÉ

LA

CHARITÉ

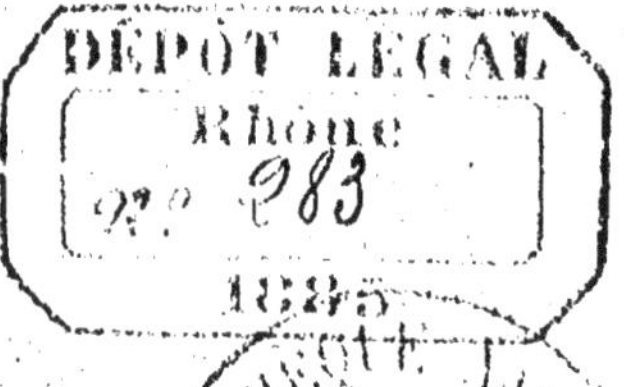

Ce n'est que dans la recherche des choses utiles que les nations deviennent grandes et les peuples heureux.

Je ne veux ni plaire ni déplaire, mais tâcher d'être vrai, parce que la vérité seule mène au bien.

COMBET (Jean-Louis).

LYON
F. PHILIPPE FILS
10, PLACE BELLECOUR

1885

LA CHARITÉ

> Ce n'est que dans la recherche des choses utiles que les Nations deviennent grandes et les peuples heureux.
> Je ne veux ni plaire, ni déplaire, mais tâcher d'être vrai, car la vérité seule mène au bien.
>
> COMBET, Jean-Louis.

S'il y a quelque chose de bien, de vraiment sublime, c'est, sans contredit, la charité, quand la sincérité l'inspire, qu'elle est faite avec dévoûment et dans un but vrai de soulager ceux qui souffrent.

Se fait-elle toujours dans de telles conditions, dans de tels sentiments ? J'en doute. On me dira : Qu'en savez-vous ? Où prenez-vous le droit injurieux de soupçonner et le mobile qui fait agir et la charité elle-même faite par autrui ?

Ceux qui m'enverront cette algarade au visage, à tort ou à raison, auront, à leur tour, tort et raison tout à la fois : raison pour quelques-uns, tort pour d'autres. Mais je ne conteste point leur droit de me dire ce qu'ils jugeront convenable pour se défendre et me prouver que je suis dans l'erreur, ce qui peut bien arriver. Le tout, ici, est de sagement observer.

Par tout pays la charité n'est pas toujours bien comprise. Où l'on semble la mieux faire, c'est dans les phrases quelquefois. Dans les discours elle déploie toujours largement ses ailes et semble voler vers tous les malheureux pour soulager leur infortune. On fait la charité d'un côté, quand d'autres font la misère et les nécessiteux de l'autre. Je loue sans réserve une partie de ceux qui donnent dans des moments de détresse, — c'est bien dans ces moments qu'il faut donner, — mais cette louange ne s'étend pas sur tous et ne s'adresse pas à tous. On en verra la raison tout à l'heure.

Ce sont les *Fourneaux économiques* que je vois s'établir à Lyon qui m'amènent à dire ce qui va suivre. Et tout ce qui va être dit le sera sans esprit de parti. Comme les hommes sont injustes, à quelque parti qu'ils appartiennent; que cet esprit de parti, que nul ne sait abandonner ni modérer, leur fait voir noir ce qui est blanc, pour ne point tomber dans les mêmes errements, je vais tâcher de ne pas être un homme mais un âne, si vous le voulez bien, afin d'être équitable le plus possible, n'ayant pas l'esprit de parti qui pourrait m'égarer, me porter ombrage et troubler le peu de raison que je possède.

*
* *

Je loue sans restriction, je le répète, le dévoûment, la charité; mais, à mon avis, je soutiens qu'elle n'est pas toujours bien faite dans le vrai sens du mot. Je m'explique : c'est-à-dire qu'après avoir donné et fait des dons, il ne faut pas d'un autre côté, pour ceux qui occupent des ouvriers, venir dans un moment de chômage leur faire une réduction de salaire et leur enlever, de cette façon, beaucoup plus qu'on ne leur a donné. La charité faite ainsi n'a pas le don de me plaire parce qu'elle est mal entendue et mal comprise.

Ainsi, ce qui prouve ce que j'avance, voici un fait qui se passe dans le moment de crise commerciale que nous traversons. Dans les moments de chômage il y a toujours abondance de bras pour le peu de travail qui se présente. Pour un ouvrier qu'on demande, dix se présentent. Que font certains négociants ? Du moment qu'il y a abondance de bras, le dispensateur du travail en profite pour diminuer le salaire qu'il donne habituellement et fait travailler à meilleur marché, n'étant pas en peine que son travail restera à faire, puisqu'on se le dispute pour ainsi dire.

Les ouvriers tisseurs se plaignent du fait suivant : certain article de velours se paye ordinairement cinq francs le mètre ; parce qu'il y a pénurie et chômage dans les affaires, on ne le leur paie plus que deux francs cinquante à deux francs le mètre, quand l'étoffe se vend toujours le même prix. C'est des ouvriers eux-mêmes que je tiens ces petits détails.

Le négociant ou le patron est libre de faire travailler au prix qui lui plaît : c'est son droit ; loin de moi la pensée de le lui contester. Mais il n'est point charitable, si avec le travail qu'il donne à faire, celui qui le fait ne peut pas vivre. Et à supposer qu'il en vive, il est bien évident qu'il vit moins bien, puisque son salaire se trouve diminué. Or, profiter d'un moment de crise pour donner moins à gagner est une action blâmable, si, pour la justifier, rien ne motive une telle mesure. Ne rien diminuer serait plus charitable et ce serait faire la charité vraie et d'une façon plus directe. Ceci à l'adresse de tous ceux qui procèdent ainsi.

Si réellement on veut soulager les ouvriers malheureux, comme on semble le désirer, ce n'est qu'en les payant un peu plus qu'on le fait véritablement.

Les travailleurs qui font ce travail au rabais, ne pouvant faire mieux, vu le moment de chômage, ne meurent pas de faim si vous voulez, mais leur position ne se bonifie point, bien qu'ils travaillent. La misère chez eux, si elle existe, ne bat pas en retraite ; elle fait seulement un temps d'arrêt, pour se montrer plus âpre, plus vive, si le travail ne se continue pas. Mais s'il devait se continuer dans ces conditions, elle finirait par arriver, attendu qu'en diminuant leurs ressources on n'abaisse point le prix des choses nécessaires à la vie, qui reste le même, toujours élevé. En procédant ainsi, on les fait seulement travailler, mais pas assez gagner pour attendre des jours plus cléments.

Après cela que fait-on ? Ce que l'on fait, on ouvre des souscriptions pour les ouvriers sans travail. Et les premiers à les ouvrir, ou plutôt à y prendre part, sont les mêmes qui ont abaissé les salaires. Leurs noms s'étalent dans les colonnes des journaux de la localité, où ils figurent pour des sommes de mille à cinq cents francs, selon la bonté du premier mouvement qui les pousse. On fait leur éloge, on loue leur philanthropie, leur charité, sans faire attention que, dans une certaine mesure, ils font, par l'abaissement du salaire, l'indigence de ceux qu'ils obligent. Il ne faut pas donner d'une main et retirer de l'autre plus qu'on a donné.

La vraie charité ne consiste pas à se dépouiller soi-même de ce qu'on possède, — la charité ne va pas jusque-là, et ce ne serait même pas de la justice de ne rien garder pour soi, — la charité, pour le dire sans phrases inutiles, consiste, quand on le peut, à ne pas faire de pauvres, pour les obliger ensuite d'accepter des dons, mais de payer, sans préjudice pour soi, ceux qu'on occupe d'une façon plus rémunératrice qui leur permette de vivre sans les secours de l'aumône. Et si toutefois ils sont dans la détresse, que ce ne soit pas le fait d'un salaire insuffisant; c'est le meilleur moyen de pratiquer la charité. En la faisant ainsi, elle est toujours mieux faite, car ce que l'on donne va directement à son adresse; rien n'est détourné, ce qui n'existe pas toujours dans la distribution des dons offerts, si bien distribués qu'ils soient. En n'admettant même pas de coteries, de préférences qui se glissent un peu partout, on peut être trompé sur l'indigence simulée de certaines gens peu scrupuleux qui reçoivent trop souvent au préjudice des pauvres honnêtes, qui, honteux et timides, n'osent rien demander. Donc, sans condamner la charité, ce qui n'est point dans ma pensée, en payant plus équitablement, il n'y a pas d'aumône à faire, et par le fait d'un salaire un peu plus élevé, elle est, je le répète, toujours mieux faite.

*
* *

Sitôt qu'un moment de crise commerciale se manifeste, c'est toujours à l'aumône qu'on a recours pour soulager les infortunes qui existent. Dans les moments pressés, selon les circonstances, cela se comprend et c'est très bien. Mais s'il fallait compter sur la générosité constante des citoyens, cela deviendrait difficile. Si dévoué que l'on soit pour soulager les misères d'autrui, il faut réfléchir que chacun a son lot de peines, de surprises défectueuses, désespérantes; donc, par cette raison ou cette inquiétude de l'avenir qui s'impose à l'esprit de tous malgré soi, on ne peut donc toujours donner, quelque grand que soit notre désir, ne voulant rien recevoir, ni rien demander, on est forcé de ménager pour soi ses propres ressources, afin de ne pas être un jour à la charge des autres, à moins d'avoir un avenir assuré ou de posséder une grande fortune. Il faut quelque chose de plus sérieux pour prévenir l'indigence des travailleurs, quand cette indigence n'est pas de leur part le résultat de folles prodigalités.

*
* *

Je ne suis point avec les anarchistes, les collectivistes, secte insensée qui veut tout et tout prendre aux autres par tous les moyens, ce qui les condamne ; mais je ne suis pas non plus avec d'autres, qui ne partagent point leur manière de voir, et qui cependant ont une propension à tout garder ou à donner le moins possible. Je parle ici de certains manufacturiers et des compagnies de chemins de fer, qui, pour vivre, donnent à leurs employés une misérable *somme de quatre-vingt-dix à cent francs par mois.*

Avec cent francs par mois, un homme ne peut vivre que difficilement et péniblement. Au prix actuel où se trouvent les objets de première nécessité, il faut au moins deux cents francs par mois pour vivre comme l'homme doit vivre, c'est-à-dire ne pas être obligé de se priver des choses utiles et nécessaires à la vie qui font les bonnes santés. Ceux auxquels j'adresse directement ces reproches ne seront point de mon avis, cela va sans dire ; absorbés dans leur égoïsme, ils ne peuvent songer à être bons. Chez ces derniers, comme chez les anarchistes, il n'y a pas de raison, pas de justice; aussi je les condamne tous : les uns, parce qu'ils veulent tout prendre, les autres, parce qu'ils ne donnent pas assez.

*
* *

Je sais que je vais demander l'impossible ; mais ce n'est pas une raison pour ne pas dire sa pensée. Je voudrais que tous les hommes, quelle que soit leur condition, se convainquissent bien de cette vérité, que les grandes fortunes ne donnent pas toutes les joies, comme elles ne sont rien et n'ajoutent rien au mérite personnel. On peut être très riche et avoir du mérite, mais quoique pauvre on peut en avoir aussi. Pauvreté n'est pas vice. A Sparte, du temps de Lycurgue, elle était admirée. Comme nous n'avons rien des Spartiates, nous avons modifié cette manière de voir. Le vulgaire a la mauvaise habitude de juger parfois du mérite des hommes par leur extérieur luxueux ; leur mérite propre, c'est leurs bonnes actions, quand ils en font, et c'est par là, le meilleur côté, qu'il faut les voir, les juger et les estimer.

Envier la fortune pour être seulement riche et plus riche que son voisin, c'est un goût comme un autre, je le veux bien, et qui mène son auteur au bien-être : mais ce bien-être n'est honorable qu'autant que les intérêts des autres ne lui sont point sacrifiés, ce qui ne se pratique pas toujours. En toutes choses, autant qu'il est possible, la raison, l'équité, pour nous tous, doivent être nos seuls guides. Il faut s'aimer juste ce qu'il faut pour ne pas oublier son prochain et surtout ne pas être injuste. Pour être heureux, il faut ne rien devoir et se suffire à soi-même ; il faut s'aider de préférence à ce que les autres nous aident ou s'aider réciproquement. Pour être heureux, je crois que l'aisance peut suffire : là se trouve la raison, la sagesse, et pour tous il devrait en être ainsi. Et je crois fermement aussi que si les hommes n'avaient pas de plus hautes visées, il y aurait peut-être moins d'indigents à secourir. Lorsque les hommes ou les peuples, — c'est là que j'en veux venir, — tournent uniquement leur esprit, leur goût vers le luxe, les richesses désordonnées, ces peuples se démoralisent, s'étiolent, s'avachissent, et les nations font de même et tout disparaît. C'est l'histoire de tous les temps et celle de tous les peuples : les mêmes errements produisent toujours les mêmes effets, partant les mêmes désordres, les mêmes calamités.

Au figuré, si cela se peut dire, les peuples sont aux nations ce que les fondations sont à un édifice : celles-ci sont l'appui, les bases sur lesquelles il repose ; de leur solidité dépend sa durée ; un peuple est la base d'une nation ; cette dernière est grande et forte par le fait de l'esprit du peuple qui la représente et la personnifie : lui et elle ne font qu'un.

Combien, dans l'histoire, ne voit-on pas de nations disparues, ayant perdu de leur grandeur parce que les peuples mal conduits, ou malavisés, ont délaissé les choses sérieuses pour s'abandonner aux choses futiles, telles que le luxe et l'amour des richesses ?

Le peuple comprendrait peut-être mieux ce raisonnement s'il lisait un peu plus, ou du moins des choses sérieuses de temps en temps, telles que l'histoire, de préférence aux journaux de toute nuance, dont le seul mérite, le plus souvent, est de troubler sa raison plutôt que de l'éclairer et la rendre lucide. Dans tous les cas, ce n'est pas une lecture suffisante pour l'instruire aussi bien pour ses intérêts que pour lui apprendre ses devoirs qu'il semble toujours ne pas connaître.

Sans entrer ici dans un développement historique, ce qui serait, je le confesse, au-dessus de mes forces, je ferai néanmoins une petite digression pour prouver ce que j'avance. Je citerai un passage de l'*Histoire ancienne* de Charles Rollin, qui traite de la guerre des Romains avec Antiochus, roi d'Asie :

« Cette guerre, qui ne fut pas de longue durée, coûta « peu de sang aux Romains, et contribua pourtant « beaucoup à l'agrandissement de leur empire. Mais en « même temps cette victoire contribua aussi d'une « autre manière au dépérissement et à la ruine de ce « même empire, *en introduisant à Rome, par les ri-* « *chesses qu'elle y fit entrer, le goût du luxe, de la* « *mollesse et des délices* : car c'est à cette victoire « remportée sur Antiochus, et à cette conquête de « l'Asie que Pline attache l'époque de la corruption des « mœurs dans la république romaine, et du funeste « changement qui y arriva. L'Asie, vaincue par les « armes de Rome, vainquit Rome à son tour par ses « vices. Les richesses étrangères y étouffèrent l'*amour* « *de la pauvreté*, et la simplicité ancienne, qui en avait « fait l'honneur et la force ; le luxe, qui entra comme en « triomphe à Rome avec les superbes dépouilles de « l'Asie, traînant à sa suite tous les désordres et tous « les crimes, y fit plus de ravages que n'auraient pu les « armées les plus nombreuses, et vengea ainsi l'uni- « vers vaincu. »

Ces faits, quelque anciens qu'ils soient, sont à méditer et méritent qu'on s'y arrête. C'est un peu l'histoire de notre époque, non pour la guerre, mais pour ce qui regarde l'amour des richesses. Et si cette passion était moins développée chez tous, le bien-être serait mieux partagé, et les crises commerciales, quand elles se présenteraient, seraient moins pénibles à traverser.

Pour un temps aussi éphémère que celui que nous passons ici-bas, est-il besoin d'être millionnaire? Ce qu'il faut, je le répète, c'est l'aisance, et qu'en raison de notre court séjour sur cette terre, il ne faut point mettre notre ambition à posséder plus que l'on ne peut consommer, mais laisser aux autres, quand on le peut, un peu de ce bien-être qu'on désire et qu'on aime tant pour soi. Procéder autrement, c'est donner congé à la sagesse. L'homme, — on prendra ce que l'on voudra de cette observation, — l'homme, si l'on veut bien y réfléchir, n'a pas besoin de superflu, mais seulement du nécessaire, qu'il est de son devoir de toujours sauvegarder. Il ne faut donc pas mettre de l'ostentation à être riche, mais surtout à être bon, humain. On n'est réellement heureux que lorsqu'on ne porte aucun préjudice à ses semblables.

*
* *

Pour justifier les diminutions des salaires dans les moments de chômage, — je parle de la soierie, — on dit : C'est pour faire face à la concurrence étrangère et pour la combattre. Je ne sais pas si cette raison est aussi vraie qu'on semble le faire croire. On observera toutefois que les premières victimes de cette manière de faire la concurrence, ce sont les travailleurs, dont la main-d'œuvre se trouve diminuée. Je ne sais pas si la concurrence y perd ou gagne quelque chose; mais, comme on voit, le premier résultat obtenu pour le producteur, c'est de moins gagner. Si le négociant vend ses marchandises moins cher, c'est une raison pour en vendre davantage ; mais il en trouve un autre dans la diminution des salaires. C'est un système de compensation qui se trouve encore tout à son avantage. De cette façon, je le suppose, son inventaire doit encore se boucler d'une façon satisfaisante, ce qui ne peut exister pour l'ouvrier, puisqu'on lui donne moins à gagner.

Je dois bien le dire ici, la condition des individus n'est rien pour moi. Je ne défends pas les ouvriers au préjudice des négociants, et ces derniers au préjudice des ouvriers. Je voudrais qu'ils s'entendissent et qu'ils fussent d'accord. Je blâme seulement les faits, les actions injustes que les uns et les autres peuvent commettre, comme je les condamne toutes quand elles me paraissent déraisonnables, fait qui se produit chez tous.

Il y a un peu partout des négociants fort riches, riches à millions peut-être. Ce sont quelquefois les premiers à réduire les salaires. C'est leur droit ; je ne le conteste point. Mais, s'ils peuvent mieux faire, je conteste qu'ils soient charitables et bien inspirés. Ne serait-il pas plus sage, plus religieux, — je dis religieux parce que je parle de personnes qui peuvent l'être, mais qui ne le sont pas comme cela devrait se comprendre. Ils vont à la messe, je le sais, aux offices divins ; mais cela n'est pas la religion, c'est seulement la pratique ou la conséquence d'un préjugé, qu'ils sont en droit de suivre, que nul ne peut entraver, contrarier sans porter atteinte à leur manière de voir, à leurs croyances, lesquelles chez tous doivent être respectées, au point de vue de la liberté de conscience. Mais au point de vue de la raison, de telles pratiques, toutes respectables qu'elles sont, ne constituent pas et ne font pas l'homme religieux, mais seulement le dévot esclave des préjugés. La vraie religion veut pour tous et chez tous la pratique du bien : c'est surtout ce que le grand nom de la Divinité doit inspirer, ou alors on le juge mal. A mon sens, peut-être bien inférieur à celui des lecteurs auxquels je m'adresse, il me semble qu'il serait plus religieux, comme je le dis plus haut, plus charitable, dans un moment de chômage, d'augmenter les salaires, ou, si c'est possible, au moins ne pas les diminuer, afin de ne pas tourmenter, avec un préjudice en plus, les malheureux qu'on occupe.

Je ne veux, certes, pas ici amoindrir les bonnes intentions de ceux qui donnent et font des dons de tous genres pour soulager les malheureux ; mais je ne puis approuver ceux qui réduisent les salaires dans les moments de crise, si rien de forcé ne justifie une telle mesure. Les dons qu'on peut leur faire ne compensent point le préjudice du salaire diminué. Qu'il soit bien établi, bien entendu que si l'on veut le bonheur pour soi, il ne faut pas, par trop d'avarice, comme cela se voit, le rendre inaccessible à ceux qu'on occupe, par des salaires trop modiques, que l'égoïsme seul peut expliquer, mais que l'équité, à son tour, est en droit de blâmer.

L'aumône qu'on peut faire pour remédier au dénûment dans lequel peuvent se trouver un certain nombre de travailleurs, et si bien faite qu'elle soit, blesse toujours un peu ; elle gêne celui auquel elle est faite, et qui veut vivre de ses peines et non pas de la charité publique.

On est fier d'un travail fait, d'une journée de labeur: cela relève un homme et lui rassérène l'esprit, ce que ne fait pas l'aumône. L'auréole de dignité que le travail donne à l'homme, l'aumône la lui enlève. Par le fait de cette aumône, il s'annihile pour ainsi dire; si elle se prolonge, il perd de sa force, de son courage; cette vie oisive, à laquelle il s'habitue volontiers, en fait peu à peu un être indifférent qui ne s'occupe plus de lui pour vivre; qui ne compte pour cela que sur le travail et l'intelligence des autres et du souci qu'ils peuvent se donner pour le tirer de peine.

Il est bien entendu que ceci ne s'adresse point aux vieillards sans famille, sans appui d'aucun genre, ni aux malheureux infirmes qui ne peuvent travailler: ceux-là sont à plaindre; tout le monde doit leur venir en aide et tous doivent donner dans la mesure de leur force. Je parle des hommes valides, pour lesquels l'aumône devient presque un vice quand elle se prolonge. Si la charité, d'un côté, est sublime, l'égoïsme, ou l'indifférence de l'autre qui accepte toujours, comme une chose due, ce que l'on peut donner, ne saurait avoir le même caractère. Il ne faut pas plus d'excès dans un sens que dans l'autre. Se suffire à soi-même et se donner de la peine pour cela, doit être le souci de chaque citoyen. Il faut donner, mais il ne faut pas par ce moyen habituer l'homme à ne pas s'aider lui-même; c'est faire son infortune. Il faut au contraire lui donner l'amour du travail, et l'habituer à ne compter que sur lui, ce qui n'est pas une raison de l'abandonner quand il est malheureux. En agissant ainsi, et par l'énergie qu'on lui donne, on le sauve parfois de bien des misères, que ne fait pas l'aumône et avec laquelle il reste toujours misérable. Un tel système ne fait pas des citoyens de cœur, mais des êtres qui finissent par n'être ni bons pour eux ni pour les autres, mais seulement une charge.

Ici, sans le vouloir, je me trouve en conformité de pensées et d'idées avec Solon, législateur d'Athènes, l'un des sept sages de la Grèce, dont la manière de voir était celle-ci : « Afin de mettre en vigueur les arts, « les métiers et les manufactures, il chargea le Sénat « de l'Aréopage du soin d'informer des moyens dont « chacun se servait pour subsister et de *châtier ceux « qui menaient une vie oisive.* Outre cette première « vue de faire fleurir les arts et les métiers, l'établis- « sement de cette loi était fondé sur deux autres rai- « sons encore plus importantes : 1° Solon considérait « que ceux qui n'ont rien et qui ne travaillent pas « pour gagner de quoi vivre, sont préparés à employer « toutes sortes de voies injustes pour en avoir et que « la nécessité de subsister les dispose aux malversa- « tions, aux rapines, aux artifices et aux fraudes ; ce « qui forme dans le sein de la République une école « de vices et y entretient un levain qui ne manque pas « de s'étendre et de corrompre peu à peu les mœurs « publiques. En second lieu, les plus habiles dans l'art « de gouverner ont toujours regardé ces hommes « indignes et ennemis du travail comme une troupe « dangereuse d'esprits inquiets, avides de nouveau- « tés », — comme les anarchistes, par exemple, qui veulent constamment la révolution, — « toujours prêts aux « séditions et aux troubles et interessés aux révolu- « tions de l'État, qui peuvent seules changer leur si- « tuation. » Ce sont toutes ces vues qui portèrent Solon à déclarer, par la loi dont nous parlons, « qu'un « fils ne serait pas tenu de nourrir son père s'il ne lui « avait appris aucun métier ».

Je ne partage point cette dernière manière de voir.

Les enfants doivent toujours venir en aide à leurs parents ; c'est un bonheur qu'il ne faut pas laisser échapper lorsqu'on peut le faire et leur pardonner leur imprévoyance, attendu que les parents pardonnent presque toujours celle des enfants. Où ces derniers prendraient-ils le droit d'être plus sévères ? Si les parents ont manqué de sagesse, qu'ils prennent exemple de leurs fautes et qu'ils fassent mieux à leur tour pour les enfants qu'ils auront. Ce qu'il faut remarquer avec soin et ce qui fait la beauté et l'utilité de cette loi de Solon, c'est qu'en obligeant les pères de famille de s'occuper de leurs enfants, ces derniers à leur tour étaient obligés de leur venir en aide. En apprenant ou forçant tous les citoyens à songer aux autres par le fait de cette sage combinaison, chacun, plus tard, se trouvait d'avoir travaillé pour soi, puisque en raison des services qu'il avait rendus on leur en devait d'autres. Cette loi était la solidarité enseignée à tous, c'est là son côté sublime.

Quant à l'aumône par elle-même, il n'y faut donc pas songer comme moyen pratique pour remédier à l'indigence des travailleurs, attendu qu'elle est facultative et non obligatoire. L'indigent est à la merci du particulier qui peut donner beaucoup ou ne rien donner. Et quelle situation pour celui qui attend vainement un secours ! Le travail sagement rétribué est plus sûr et peut seul prévenir de telles souffrances, celles de la faim. Ces considérations observées, il ne s'ensuit pas que la charité doit être bannie de nos mœurs, mais la faire autrement et laisser de préférence l'assistance pour les vieillards, comme je l'ai dit, et les malheureux infirmes. Quant à l'homme valide, il faut lui faire aimer le travail en lui donnant un salaire raisonnable avec lequel il puisse vivre conve-

nablement et lui permette, s'il est assez sage pour le faire, d'épargner, non seulement pour les mauvais jours, mais encore pour ses vieux jours, puisque en vieillissant nous perdons malheureusement tout : force et santé. Il faut donc, autant que possible, et par le fait de l'économie, se ménager des ressources, quand, par le travail, on ne peut plus se les procurer. Il serait à souhaiter pour tous que les salaires fussent assez élevés pour leur donner le moyen d'épargner assez afin que nul ne soit dans l'indigence, ou s'il s'en trouve dans ces conditions, que ce soit leur propre faute, le fait de leur imprévoyance et non pas l'insuffisance du salaire qu'on leur a donné.

*
* *

Quand je parle de l'élévation des salaires, on doit me comprendre. Cela ne veut pas dire que le négociant, le patron doivent être lésés dans leurs intérêts au profit des travailleurs. Cette question doit se débattre équitablement entre eux. Et, sous ce rapport, les prétentions trop élevées des ouvriers ne sauraient être plus admissibles, ni plus pardonnables pour eux que pour d'autres. C'est la raison et la justice, d'un côté comme de l'autre, qui doivent présider à un tel débat et le trancher sans préjudice pour aucun parti. C'est en procédant ainsi qu'on arrive à se respecter et à tous s'estimer.

Puisque je parle de la modicité des salaires, je ne puis oublier celui des femmes qui parfois est dérisoire.

Quelques-unes d'entre elles perçoivent peut-être bien un salaire plus que suffisant pour vivre, je veux bien l'admettre ; mais c'est un bien petit nombre malheureusement. Généralement les femmes et les jeunes filles gagnent très peu. Aussi, pour vivre honorablement, il faut que la plupart d'entre elles entassent les privations les unes sur les autres, et au bout de tout cela, de toute espèce de sacrifices faits à l'honneur, c'est l'épuisement et la maladie qui couronnent l'œuvre de la plupart de ces héroïnes du travail et du devoir accompli.

Lorsqu'on en trouve quelques-unes qui gagnent de *deux à trois francs* par jour, beaucoup de gens disent que c'est bien joli pour une femme. Si c'est *bien joli* pour une femme, ce doit l'être également pour un homme. Pourquoi réclament-ils donc davantage ?

Il n'est point rare du tout de rencontrer des gens qui, voulant gagner beaucoup, trouvent que les autres gagnent toujours trop, quand ils sont eux-mêmes insatiables sous ce rapport. Cela étant, il ne faut donc pas nous étonner des injustices qui se produisent. C'est ce qui explique que dans les compagnies de chemins de fer, — j'y reviens pour les blâmer, — vous voyez des employés qui ne reçoivent que quatre-vingt-dix à cent francs par mois, lorsque d'autres perçoivent des cinq mille, dix mille, quinze mille et même jusqu'à cinquante mille francs par an. Tous, bien entendu, ne peuvent avoir des appointements aussi élevés ; cela tient au travail, à l'intelligence des individus, à leur responsabilité, à l'importance de l'emploi, je le veux bien, et c'est justice, dans une certaine mesure, n'étant point pour l'égalité des salaires. Mais ils recevraient un peu moins qu'ils vivraient bien encore. Comme tout le monde doit vivre de son travail, la diminution qu'on pourrait faire sur les gros traitements étant réversible sur ceux des employés qui ne touchent que douze à treize cents francs, ceux-ci vivraient un peu mieux : sans mettre la gêne d'un côté, on ferait l'aisance de l'autre. Quoi de plus raisonnable !

Il y a d'autres employés que les mêmes Compagnies ne paient pas du tout. Ce sont ceux qui prennent seulement les bagages des voyageurs (1). On dit : Ils ont des *pourboires*. C'est très bien, mais c'est le public qui les donne. Est-il obligé de payer les employés des Compagnies ? Quand le voyageur a payé les frais de transport d'un objet quelconque, il ne doit plus rien ; s'il donne quelque chose, à titre de largesse, c'est parce qu'il le veut bien. Mais ce n'est pas ainsi et d'une façon aussi incertaine que des employés doivent être rétribués. C'est aux Compagnies à le faire plus sérieusement et leur assurer un appointement plus régulier et plus digne tout à la fois. Si après cela ils reçoivent des étrennes, tant mieux pour eux ; mais par la position précaire ou aléatoire qu'on leur fait, il ne faut pas les mettre dans la nécessité d'en demander et obliger indirectement les autres d'en donner. Je sais qu'on peut ne rien donner. Mais s'ils ne recevaient rien, ce qui ne peut arriver, mais on peut le supposer, et ne recevant rien et n'étant point payés, ils sont donc exposés à cette chose triste de travailler gratis, ce qui est injuste. D'après cela, les Compagnies feraient donc une action louable en abandonnant complètement cette inique manière de faire que les administrateurs ne voudraient pas pour eux-mêmes. Dans une certaine limite, on doit comprendre les besoins des autres dans ceux qu'on

(1) Si je me trompe ici, c'est facile à rectifier.

éprouve, qu'on ressent soi-même ; c'est d'après ces sentiments, ces sensations intimes, que les salaires doivent un peu être basés et accordés, afin que nul ne soit privé des choses essentielles et nécessaires à la vie.

Quant au salaire de la femme que je n'oublie point, il est aussi digne d'intérêt que celui de l'homme. N'est-elle pas comme lui sujette aux mêmes nécessités de la vie ? Elle est, par sa nature, si l'on veut bien l'observer, plus frêle, plus délicate de corps que l'homme, ce qui, pour elle, l'oblige à un surcroît de soins. Et comment peut-elle se les donner si elle ne reçoit, comme il y en a malheureusement que trop, qu'un franc cinquante centimes à deux francs par jour, ce qui fait par an, si tous les jours elle les recevait, *sept cent trente francs*. Mais il n'en est pas ainsi. Il y a les jours fériés qu'il faut déduire, et de cette déduction faite il ne reste plus que *cinq cent cinquante francs* environ, ce qui fait à peine *un franc cinquante centimes*. Que faire avec si peu de gain ? Il y a des jours où l'on dépense peu ; mais lorsqu'il faut renouveler le linge de corps et les vêtements, il est impossible de le faire d'une façon bien efficace. Et les maladies, comment les soigner quand elles arrivent ? Quels soins, avec si peu de ressources, peut-on bien se donner pour hâter le retour à la santé ? On n'ose y songer. On a devant soi deux souffrances : la maladie et la misère. Pour vivre convenablement, il faut au moins cinq francs par jour, aussi bien pour la femme que pour l'homme, et cinq francs pour l'un comme pour l'autre ne donnent que bien juste le strict nécessaire. Quand je parle de cinq francs, c'est pour tous les jours de l'année. Il faudrait même gagner un peu plus de cette somme pour arriver à ce résultat afin de compenser les jours de fêtes où l'on ne fait rien.

*
* *

Si parmi les travailleurs des deux sexes il n'y en a qui ne peuvent rien économiser parce qu'on ne leur donne pas assez, il en est d'autres qui sont plus heureux, qui, gagnant de huit à dix francs par jour, pourraient le faire et malgré cela vivre convenablement. Si, pouvant le faire, ils ne le font point, c'est leur faute. Pour un certain nombre d'entr'eux, d'après ce que je vois et ce que j'entends dire, la raison ou la cause est celle-ci : ils songent parfois un peu trop au plaisir ; ils fêtent trop souvent la saint-lundi, la saint-mardi et même la saint-mercredi. J'ai rencontré des patrons se plaindre de cette légèreté.

L'excès de plaisir, c'est là son mauvais côté parfois, enlève et détruit toujours un peu le goût du travail, pour ne laisser bien souvent après lui, dans l'esprit, qu'un mécontentement de soi, surtout quand on lui a sacrifié ses intérêts, ce qu'on voit trop tard quelquefois.

On en voit qui ne rentrent à l'atelier qu'après avoir dissipé follement leur paie ou du moins bien compromise. Il faut vieillir quelquefois pour se convaincre du danger des mauvaises habitudes que l'on peut prendre étant jeune, et qui, dans la suite, deviennent préjudiciables, non seulement à soi, mais encore aux êtres avec lesquels on est destiné à vivre et qui ont tout à souffrir de nos mauvais penchants. La femme en est d'abord victime, puis les enfants auxquels le mauvais exemple qu'on leur donne ne peut que leur être funeste. Toujours s'amuser ou le trop vouloir est donc une faute surtout quand on sacrifie le travail au plaisir et qu'on le veut prendre au-delà des ressources que l'on possède. Ne rien devoir à autrui doit être la préoccupation de tous afin de mourir en honnête homme. C'est le point important qu'il faut se proposer afin de laisser après soi un bon souvenir et un nom sans tache, ce que l'excès du plaisir peut faire oublier.

Le premier préjudice que les ouvriers se portent à eux-mêmes en fêtant un peu trop religieusement les saint-lundi, c'est de nuire à leurs intérêts. Ils s'entraînent mutuellement les uns les autres dans de folles dépenses de boissons et autres qui leur sont nuisibles de deux côtés : pour leurs bourses d'abord et leur santé ensuite, laquelle se répare difficilement quand elle a été compromise par des excès. Ils ne songent point à cela, n'ayant tous que la pensée de ne rien faire de trop, puisqu'ils s'embarquent la tête fraîche, l'esprit sain, lequel se trouble plus tard, qu'ils ne le retrouvent plus pour savoir s'arrêter : C'est leur affaire, dira-t-on, et cela les regarde. Cela les regarde premièrement, c'est vrai, et les autres ensuite qui leur viennent en aide s'ils sont malades et s'ils n'ont pas de ressources pour se faire soigner. Il faut dire que cela regarde un peu tout le monde, ce qui donne à tous, en quelque sorte, le droit de donner des conseils, comme tous, également, peuvent en avoir besoin, si savant que l'on soit.

***

Une chose qui est à remarquer de notre époque, c'est qu'on semble plus songer au plaisir qu'au travail.

C'est sans doute un tel penchant à ne rien faire qui amène certains ouvriers, dont l'esprit est mal dirigé, à faire des propositions comme celle de toujours demander des diminutions d'heures de travail, remplacées par des augmentations de salaire. On veut travailler, mais le moins possible. La diminution des heures de travail le fait supposer. Quand on ne veut guère travailler, puisqu'il semble que c'est l'objectif d'un certain nombre d'ouvriers, on doit demander à travailler aux pièces : selon le travail fait, on est payé ; si on n'a rien fait, on ne reçoit rien, de cette façon nul n'est lésé et tous sont satisfaits. C'est ainsi que cela se passe pour les tisseurs en soierie.

Dans mon enfance, j'ai vu des ouvriers en soie travailler depuis cinq heures du matin jusqu'à minuit. Cela n'était pas rare à voir. La journée, chez la plupart, n'était point limitée en quelque sorte, en ce sens que plus on travaillait, plus on gagnait, ce qui est le bon côté du travail aux pièces. Ayant de l'ouvrage chez soi, chacun travaillait à sa guise, selon son désir de gagner le plus possible, comme c'est encore aujourd'hui. La façon se paie tant le mètre : la journée, ou la somme gagnée, est basée sur le nombre de mètres qu'on a fait. Quelques-uns, je parle du temps passé, arrivaient à une petite aisance ; d'autres vivaient petitement parce qu'ils travaillaient beaucoup et qu'ils dépensaient le moins possible. Je dois dire ici qu'il est impossible aux ouvriers tisseurs, ou du moins bien difficile, d'arriver à se créer une aisance bien marquée, qui les puisse mettre à l'abri des jours de chômage, surtout de notre époque, et si la crise est un peu longue. Dans cette partie, là comme dans toutes les industries, il y en a qui sont heureux ; mais c'est le petit nombre : c'est la généralité qui doit nous occuper. Le salaire des tisseurs est trop minime pour donner un bien-être vraiment sérieux. C'est là une chose qui devrait éveiller la philanthropie de ceux qui les occupent et leur inspirer, si c'est possible, une générosité plus grande.

Il est prouvé, et cela a déjà été dit, que les ouvriers tisseurs ne gagnent pas plus de *deux francs* par jour, tous les jours de l'année compris. Je dis environ deux francs. Quand une pièce d'étoffe est finie, il y a toujours, et c'est le moins, un ou deux jours de perdus avant d'en commencer une autre. Mais il arrive encore assez fréquemment qu'ils ne reçoivent pas de l'ouvrage de suite, et qu'ils sont obligés, quelle que soit la cause de ce retard, de subir un chômage plus ou moins long. C'est donc par le fait de ces pertes de temps que les journées, les unes dans les autres, se réduisent au chiffre modique de *deux francs* par jour.

Comme on semble être tout de charité et tout à la charité, ces petits détails trouvent ici leur place, en ce sens qu'ils font connaître aux âmes *charitables* la situation précaire d'une classe de travailleurs digne d'intérêt.

Cela dit, je reviens à l'amour du travail qui semble diminuer de notre époque. Le passé pouvant servir d'exemple pour le présent, c'est pour cela que je l'invoque. Il y a quarante ans, les ouvriers de toutes les professions commençaient leur journée de cinq à six heures du matin, jusqu'à huit heures du soir. Je conviens que commencer la journée à cinq heures du matin c'est trop tôt. Ceci est une affaire de convention qui se modifie facilement. La journée finie, chacun, ou à peu près, rentrait chez soi ; après le repas du soir, on allait se reposer. On avait donc moins le temps et moins d'occasions de dépenser, comme on le fait à présent. Aujourd'hui on quitte la journée à six heures du soir. Tous ne rentrent pas de suite au logis. On s'arrête et on s'attarde dans les débits de boissons, où l'on commence par compromettre une partie de la journée. On dit bien qu'on ne gagne guère, mais on ne fait pas attention qu'on dépense un peu trop parfois. Des uns aux autres, et avec les meilleures pensées du monde, on se laisse entraîner à de folles dépenses qui, trop souvent répétées, et sans utilité, finissent par amener la gêne. Un peu d'énergie et une ferme volonté suffiraient peut-être pour triompher d'une mauvaise habitude, qui leur est funeste à tous les points de vue, s'ils voulaient bien l'observer. Cela ne veut pas dire qu'il faut vivre comme des soliveaux et ne prendre aucun plaisir, mais le faire raisonnablement et ne pas sacrifier pour cela toutes ses ressources, pour venir ensuite, si par le fait de trop grandes prodigalités on est dans la misère, se plaindre de tout le monde, l'accuser de son malheur, quand soi-même on en est le premier coupable. En toutes choses c'est la raison qui doit nous guider, nous conduire.

*
* *

Autre chose qu'il faut remarquer. Comparant le temps présent au temps passé, et sans vouloir donnner à entendre qu'on avait le parfait bonheur, ce qui ne sera jamais, songeant un peu plus au travail que de notre époque, on élevait les enfants avec cette idée et pour en faire de bons travailleurs. Maintenant les parents, poussés par un sentiment de bonté paternelle, ont des vues plus élevées, et tous, autant qu'ils le peuvent, leur ôtent l'idée du travail pour en faire des savants, des princes de la science, d'autres des hommes de *plume*, comme je l'ai entendu dire par des pères de famille. Je ne blâme certes pas l'instruction qu'on fait donner aux enfants, mais l'espèce de mépris qu'on semble jeter sur le travail manuel. Cette manière de faire a gagné aussi les campagnes. Et les paysans qui ont des enfants, ne comprenant peut-être pas toute la noblesse de leur industrie, l'Agriculture, les détournent de cette idée du travail des champs, où réside la paix, pour les envoyer à la ville, pour en faire des gens de commerce, d'autres pour en faire également des savants, ou des demi-savants, qui, pleins d'orgueil pour le peu de savoir qu'ils ont, et s'admirant sur toutes les faces, s'imaginent qu'ils ne peuvent faire un travail manuel sans s'abaisser. Je trouve l'instruction sublime, je le répète. Mais si en la donnant aux enfants on éveille chez eux de tels sentiments, un mépris pour le travail, on fait fausse route ; l'instruction, ainsi comprise, fait non seulement des sots, mais des êtres malheureux, qu'un orgueil mal placé empêche de se tirer de peine. Si quelque chose peut avilir un homme et le faire déchoir à ses propres yeux, c'est de ne vouloir rien faire. Et lorsque de telles prétentions se produisent, on peut dire qu'elles sont le résultat d'un esprit mal dirigé. Qu'on ne se méprenne point dans ce que je puis dire. L'instruction est utile, cela est incontestable. Il faut que les hommes le soient pour leur intérêt personnel ; il faut qu'ils le soient encore pour les mettre à l'abri des préjugés qui peuvent leur être nuisibles ; il faut l'instruction pour faire des hommes de cœur et non des orgueilleux. Si on donne l'instruction aux enfants, ce n'est pas pour leur apprendre à mépriser le travail, mais le leur rendre plus facile ; leur apprendre à l'honorer et à s'honorer eux-mêmes en le faisant. Autant de travailleurs, autant d'hommes de bien. Qu'on apprenne donc bien aux enfants, aux jeunes gens, que le travail est moralisateur. Et cela doit être. Si, comme le dit le proverbe, *l'Oisiveté est la mère de tous les vices*, par contre, le Travail doit être le père de toutes les vertus, ou du moins qui nous conduit vers elles. Ce que je blâme donc dans l'instruction, c'est d'éloigner du travail ceux qui en peuvent avoir. Chez les peuples civilisés, le travail a toujours été honoré, et quelle que soit l'instruction qu'on ait reçue, on ne peut s'en affranchir, si pour subsister nous sommes obligés de le faire. Instruisons-nous, c'est bien de le faire et l'on doit le faire, mais ne méprisons pas le travail pour cela. Quant à l'instruction par elle-même, et pour celui qui possède un tel trésor, qui est un patrimoine que nul ne peut lui enlever, il doit à l'exemple d'Horace, — ce que beaucoup d'enfants ne font pas, — bénir ceux qui la leur ont fait donner, car pour lui elle sert à deux choses : à délasser son esprit des travaux pénibles en le distrayant, et chose plus belle encore, à être utile à tous en la mettant au service de la patrie et de ses concitoyens. C'est ainsi qu'il faut la comprendre et la recevoir : pour être utile à soi et à tous, et non pas se croire abaissé si l'on est obligé de travailler. Que deviendrait-on si nul ne voulait le faire ?

On ne réfléchit pas, et ceux qui abandonnent les travaux des champs pas davantage peut-être. Tout cela n'est que le résultat d'un faux orgueil, d'un amour-propre mal placé. Tous les travailleurs sont égaux, parce qu'ils sont tous nécessaires : c'est là leur titre de gloire à tous, pour ceux des villes et des campagnes. Et disons-le ici comme un hommage rendu aux paysans, aux agriculteurs. S'il y a des travaux qui viennent en première ligne des autres, c'est assurément l'agriculture, puisque la vie de tous en dépend. Tout ce qui vient après, quoique utile, n'a point la même importance. L'agriculture, c'est la vie pour tous. Et il est prouvé que la force d'un État ne se mesure pas au terrain, mais au nombre des citoyens et à l'utilité de leurs travaux. Les agriculteurs sont donc les premiers ouvriers du monde. Tertullien disait que *la Médecine est sœur de la Philosophie.* On pourrait en dire autant de l'Agriculture. Les agriculteurs et les médecins, par le fait des travaux sérieux auxquels ils se livrent, sont les êtres vraiment utiles, indispensables ; les premiers nous font vivre, les autres nous font aimer la vie et tout ce qui nous environne, en nous rendant la santé, du moins c'est la sainte et religieuse mission qu'ils s'imposent. Pour les uns et les autres, quoi de plus beau, de plus digne et de vraiment sublime !

Si après cela il se trouve des esprits assez légers pour rire des paysans, il faut le leur pardonner, car ils ne savent ce qu'ils font.

Si les hommes étaient plus sérieux, plus réfléchis, plus instruits, bien qu'ils aient souvent la prétention de tout savoir, et s'ils connaissaient un peu mieux l'histoire du passé, ils sauraient que, de tous les temps et de la plus haute antiquité, l'agriculture a été chez tous les peuples vénérée, admirée. C'est donc notre devoir, et de notre intérêt, de suivre l'exemple de ces anciens peuples, et d'imiter leur sagesse. Voici ce que dit, sur un sujet aussi intéressant, l'historien Charles Rollin :

« J'ai dit que les *laboureurs surtout*, et ceux qui « prenaient soin des troupeaux, étaient considérés en « Égypte. En effet, c'est à ces deux professions qu'elle

« devait ses richesses et son opulence. C'est une chose
« étonnante de voir ce que le travail et l'industrie des
« Égyptiens tiraient d'un pays dont l'étendue n'était
« pas fort considérable, mais dont le fonds était de-
« venu, par le bienfait du Nil et par l'industrie labo-
« rieuse des habitants, d'une merveilleuse fécondité.

« Il en sera toujours ainsi d'un royaume où l'atten-
« tion de ceux qui gouvernent sera tournée vers le bien
« public. La culture des terres et la nourriture des
« animaux seront une source inépuisable de biens et
« d'avantages partout où, comme en Égypte, on se fera
« un devoir de les soutenir et de les protéger par prin-
« cipe d'État et de politique ; et c'est un grand malheur
« qu'elles soient tombées maintenant dans un mépris
« général, quoique ce soient elles qui fournissent les
« besoins et même les délices de la vie à toutes condi-
« tions que nous regardons comme relevée. » « Car,
« dit M. l'abbé Fleury, dans son admirable livre des
« mœurs des Israélites, où il examine à fond la matière
« que je traite, *c'est le paysan qui nourrit les bour-*
« *geois*, les officiers de justice et de finance, les gentils-
« hommes, les ecclésiastiques ; et de quelque détour
« que l'on se serve pour convertir l'argent en denrées,
« ou les denrées en argent, il faut toujours que tout
« revienne aux fruits de la terre et aux animaux qu'elle
« nourrit. Cependant, quand nous comparons ensemble
« tous ces différents degrés de conditions, nous mettons
« au dernier rang ceux qui travaillent à la campagne ;
« et plusieurs estiment plus de gros bourgeois inutiles,
« sans force de corps, sans industrie, sans aucun mérite,
« parce qu'ayant plus d'argent, ils mènent une vie
« plus commode et plus délicieuse.

« Mais si nous imaginons un pays où la différence des
« conditions ne fût pas si grande, où vivre noblement

« ne fût pas *vivre sans rien faire*, mais conserver soi-
« gneusement sa liberté, c'est-à-dire n'être sujet qu'aux
« lois et à la puissance publique, subsister de son fonds
« sans dépendre de personne, et se contenter de peu
« plutôt que de faire quelques bassesses pour s'enrichir ;
« un pays où l'on méprisât l'oisiveté, la mollesse et
« l'ignorance des choses nécessaires pour la vie, et où
« l'on fît moins de cas du plaisir que de la santé et de
« la force du corps, en ce pays-là où il serait bien plus
« honnête de labourer que de garder des troupeaux, que
« de jouer ou de se promener toute la vie. C'est ainsi
« qu'a vécu la plus grande partie du monde pendant
« près quatre mille ans, non seulement les Israélites,
« mais les Égyptiens, les Grecs, les Romains, c'est-à-
« dire les nations les plus policées, les plus sages, les
« plus éclairées en tout genre. Elles nous apprennent
« tout le cas que nous devons faire de la culture des
« terres et du soin des troupeaux, dont l'une, sans
« parler du chanvre et du lin d'où l'on tire les toiles,
« nous fournit, par les grains, les légumes, une nourri-
« ture non seulement abondante, mais délicieuse ; et
« l'autre, outre les viandes exquises dont il couvre nos
« tables, met presque seul en mouvement les manufac-
« tures et le commerce, par le moyen des cuirs et des
« étoffes. »

Plus loin, il ajoute encore avec autant de raison ce qui suit :

« Je prie le lecteur, pour juger sainement de ce que
« je dis ici, de vouloir se transporter d'esprit dans les
« siècles dont je parle, et de se souvenir de l'estime et
« de l'usage que toutes les nations policées, les Hé-
« breux, les Perses, les Grecs, les Romains, faisaient
« de la culture des terres et du travail des mains. Tout
« le monde sait que ces derniers, je veux dire les Ro-

« mains, après avoir remporté de célèbres victoires, et « être descendus du char de triomphe, couronnés de lau- « riers et de gloire, retournaient aussitôt à leurs métai- « ries, d'où on les avait tirés pour les mettre à la tête des « armées, et allaient conduire la charrue et les bœufs « avec ces mêmes mains qui venaient de vaincre et « défaire les ennemis. Nos mœurs, nos usages ne trou- « vent rien que de vil et de méprisable dans un pareil « exercice : mais c'est un malheur pour nous. Le luxe, « en corrompant nos mœurs, a perverti notre juge- « ment. Il fait regarder comme grand et estimable ce « qui n'est digne que de mépris ; et il attache au con- « traire une idée de mépris et de bassesse à ce qui a « une véritable grandeur et une solide beauté. »

Les observations de Columelle, qui vivait du temps de Tibère, que je reproduis ici, ne sont pas moins sages :

« Je vois à Rome, dit-il, des écoles de philosophes, « de rhéteurs, de géomètres, de musiciens, et, ce qui « est plus étonnant, de gens occupés uniquement, les « uns à préparer des mets propres à piquer le goût et « irriter la gourmandise, les autres à orner la tête de « frisures artificielles, et je n'en vois aucune pour l'a- « griculture. Cependant on peut se passer de tout le « reste, et la République a été longtemps florissante « sans tous ces arts frivoles ; mais il n'est pas possible « de se passer du labour de la terre, puisque la vie en « dépend.

« D'ailleurs, y a-t-il quelque voie plus honnête et « plus légitime de conserver ou d'augmenter son patri- « moine ? Serait-ce le parti des armes, pour amasser « des dépouilles toujours teintes du sang humain et qui « causent la ruine d'une infinité de personnes ? ou celui « du trafic, qui, arrachant les citoyens à leur patrie,

« les expose à la fureur des vents et des flots et les « traîne dans un monde inconnu pour s'y enrichir ? ou « le commerce de l'argent et l'usure odieuse et funeste « même à ceux qu'elle paraît secourir ? Oserait-on « comparer à aucun de ces moyens la sage et innocente « agriculture que le seul dérangement de nos mœurs « a pu rendre méprisable, et, par une suite nécessaire, « presque stérile et sans fruit ? »

Lorsqu'on soutient une thèse, quelle qu'elle soit et si judicieusement qu'on puisse parler, il est bon quelquefois de faire appel à la sagesse, aux réflexions sensées des autres, pour étayer et donner plus de force à celles qu'on expose soi-même et par ce moyen sauver le sujet que l'on défend. Tel est le but des citations qui précèdent. On dira peut-être que c'est un travail vite fait et qu'il n'y a pas grand'peine à rappeler les paroles des autres. C'est possible, mais il y en a quelquefois à rechercher ce qui peut être utile à tous. C'est donc dans l'espoir d'être utile au plus grand nombre que j'ai rapporté les sages paroles qu'on vient de lire. Je cherche à les ressusciter, à les faire revivre dans l'intérêt de tous, et si toutefois elles produisent quelque bienfait, la reconnaissance qu'on doit avoir est toute pour les auteurs que je viens de citer. Les bonnes paroles comme les bons préceptes sont à l'humanité, du moins doivent être, ce que sont les bons médicaments pour les malades. J'ai donc pensé bien faire de reproduire ici les sages observations de Rollin, l'abbé Fleury et de Columelle, non seulement pour relever le courage et le paysan à ses propres yeux, mais lui faire comprendre que le travail des champs étant utile à tous, celui qui le fait est l'égal de tous. Il ne doit pas se croire moins qu'un autre parce qu'il est agriculteur, mais plutôt plus qu'un autre, parce qu'en définitive, les agriculteurs sont les pères nourriciers de tous les peuples. A ce titre et en raison de la mission si utile qu'ils accomplissent ici-bas, ils doivent être fiers de leur industrie et ne pas détourner leurs enfants d'un travail si noble, si utile.

Cet hommage rendu à l'agriculture et aux agriculteurs, je reviens à l'abaissement des salaires.

*
* *

L'abaissement des salaires n'a sa raison d'être qu'autant que celui qui le réduit ne peut faire autrement, qu'il y est forcé, ce qui peut très bien arriver à certains moments. En pareil cas, ce qui a été dit, rien à dire; c'est de se soumettre en attendant mieux.

Pour diminuer les crises ouvrières et les moments de chômage et les rendre le moins fréquents possible, il faut que le producteur soit en même temps consommateur : s'il n'est que producteur, et ces derniers étant le plus nombreux, le chômage, par le fait de l'abondance des produits qui ne s'écoulent point, finit toujours par arriver. C'est forcé. C'est un peu sous ce rapport que les machines sont nuisibles, en ce sens qu'elles produisent beaucoup plus et ne consomment rien. Par le fait de cette grande production, elles suppriment encore la plupart des travailleurs, puisqu'elles travaillent pour eux. A l'appui de ces raisons, je me permettrai de citer un fait qui prouvera ce que j'avance, c'est-à-dire la suppression en partie d'un certain nombre de travailleurs.

Il y a quelques années, à proximité de Lyon, il se fonda une vaste usine à la Buire, où divers corps d'états se trouvaient rassemblés, réunis. Chacun faisait le sien.

Je tiens ces renseignements d'un ouvrier contre-maître qui s'y trouvait employé. Il y avait dans les premiers temps que l'usine se créa, à part les ouvriers mécaniciens et forgerons, *sept cents ouvriers* menuisiers, charpentiers et scieurs de long, tout compris. Au bout de quelque temps on introduisit dans l'usine l'usage des scieries et raboteuses à la vapeur. Du jour au lendemain on renvoya six cents ouvriers environ, menuisiers et charpentiers, tout compris. M. J.-B. Horn, (1) faisant en 1867 un article sur les machines, disait qu'elles étaient un auxiliaire, une pourvoyeuse de travail. Ceci n'est pas rigoureusement exact, puisque nous voyons, dans le fait que je cite, qu'elles supprimèrent plusieurs centaines d'ouvriers. Partout où les machines passent, l'effet et le résultat doivent être les mêmes dans une certaine mesure. Les mêmes causes produisent toujours les mêmes effets. Je ne veux pas dire par là que les machines ne rendent point de services et n'aient pas un bon côté dans certaines circonstances; mais elles ont celui de défectueux qu'en supprimant un certain nombre d'ouvriers, ces derniers sont dans la misère et qu'ils consomment toujours, quoique ne faisant rien. Aussi, l'équilibre n'existant plus pour eux entre la consommation et la production, le désordre qui s'ensuit en est donc la funeste conséquence.

Pourquoi chez les boulangers pareil fait ne se produit-il jamais? Parce que la production est en raison de la consommation. L'écoulement régulier des pro-

(1) Voir le journal l'*Avenir national*, 21 avril 1867.

duits fait, d'un autre côté, la régularité du travail. S'il pouvait en être ainsi dans toutes les industries, l'harmonie serait peut-être faite entre tous.

Pour justifier et atténuer l'abaissement des salaires, les négociants en soierie invoquent la concurrence étrangère qui les oblige à cette extrémité. Et, après avoir diminué la façon du travail fait, ils s'imaginent avoir vaincu, terrassé la concurrence, ou ils le donnent à entendre. Qu'est-ce que l'abaissement des façons, dans la soierie, peut faire à la concurrence ? Le salaire des tisseurs, comme nous l'avons vu, n'est pas d'une telle élévation et ne peut, je crois, en être l'ennemi. Il faut remonter vers une cause plus sérieuse, plus grave, pour trouver la vraie raison, la cause de la décadence de la fabrique lyonnaise.

Disons premièrement, ce qui ne peut en aucune façon faire prospérer une industrie, que les étoffes de soie n'ont plus la même pureté qu'elles avaient il y a quarante ans environ. La falsification, la fraude, disons le vrai mot, qui se fait sur une vaste échelle, qui s'étend sur tout, s'est également introduite dans la fabrication des étoffes ; c'est donc la fraude qui a perdu en quelque sorte la vieille réputation de la fabrique de soierie à Lyon. La soif de l'or, l'amour des richesses est devenu si grand chez tous, grands et petits, qu'on lui sacrifie tout : honneur, probité, gloire nationale et l'amour du pays, tout a disparu devant lui. On n'a songé qu'à une seule chose : être riche. Ceci est la source de bien des infamies. L'ambition d'être riche a tué les scrupules pour céder le pas à la falsification, et c'est pour cette raison, grave entre toutes, que la fabrique a perdu sa vieille réputation de probité ; et c'est encore pour cela que la fabrique des étoffes de soie, à Lyon, va chaque jour à la dérive, qu'elle se meurt et que les tisseurs eux-mêmes ne peuvent plus vivre de cette industrie.

*
* *

Jadis dans toutes les familles, chez la plupart du moins, chaque mère de famille avait la robe de soie dont elle se parait les jours de fêtes. Ces robes étaient de si bonne qualité, qu'elles étaient presque inusables. Ma mère en a gardé une plus de quarante ans, dont pas un seul pli n'était coupé. Pour les parapluies, même durée : ils ne finissaient plus. Cela se transmettait de père en fils. Mon père en a gardé un vingt-quatre ans toujours en bon état. On l'aurait sans doute encore s'il ne lui avait été volé. Maintenant cela n'est plus ; la falsification a singulièrement modifié la durée des étoffes.

Je parlais, il y a quelque temps, avec un brave ouvrier tisseur de la mauvaise qualité des soies. Il me dit : Elles sont brûlées par la teinture. J'ai acheté, il n'y a pas longtemps, une robe pour ma femme. Je dis au premier commis : Donnez-moi quelque chose de bon, ce qu'il y a de mieux. — Oh ! me dit-il, ce que je vais vous donner est *extra-bon*. Tous les employés de la maison en ont pris pour leurs dames. Au bout de six mois les plis de cette robe, d'une qualité *extra-bonne*, étaient coupés. Dira-t-on bientôt des robes de soie ce que Malherbe a dit des roses : *Et robe, elle a vécu ce que vivent les robes de soie, l'espace d'un matin.*

Si je rapporte ici ces petits détails, qu'on va peut-être trouver puérils, c'est pour montrer en quelque sorte la physionomie du temps jadis ; la différence qui existait dans le commerce à celui de notre époque et la façon de le faire. Malgré la simplicité toute naïve de ces faits, en les relatant ici, je n'ai qu'un but : c'est de ramener, si c'est possible, les esprits au même sentiment d'honnêteté, de probité, ce qui peut donner à tous, si on voulait le comprendre, un bien-être vraiment réel, exempt de tous chagrins et de remords.

Pour cela, il faut, ou du moins il faudrait qu'on revînt et qu'on voulût bien revenir à plus de simplicité. Autrefois, — je demande pardon au lecteur de me répéter, mais je suis forcé d'invoquer le passé pour établir une comparaison, — autrefois, chez tous, on était plus modeste dans ses goûts ; les ambitions n'avaient rien qui ressemblât à celles des insensés. Maintenant on semble ne plus savoir ce que l'on veut, les grands comme les petits. Chez ces derniers on en trouve encore qui voudraient bien vivre et ne rien faire. Autrefois, comme aujourd'hui, on voulait arriver à la fortune, — de tous temps on a cherché et recherché le bien-être, et avec raison, parce que c'est dans l'ordre des choses que l'homme soit heureux et non malheureux, — mais on voulait y arriver par le travail et des voies honnêtes. La probité était la base sur laquelle se traitaient les affaires commerciales. Et la plupart des négociants, cela dit à leur louange, avaient à cœur de les toujours traiter ainsi. On ne riait pas d'un homme probe, mais il était respecté, comme on le prenait pour un exemple à suivre en toutes choses.

Moins ambitieux, et un peu plus honnête, on mettait plus de temps à faire fortune. On en voyait, et c'était pour tous ainsi, qui, après trente à quarante ans de travail, de commerce, se retiraient avec une fortune qui variait de deux cent à trois cent mille francs environ. On savait borner ses désirs ; on semblait comprendre, et on le comprenait, qu'arrivé à un certain âge, de cinquante à soixante ans, par exemple, il y avait témérité de vouloir encore amasser ; on pensait qu'après avoir travaillé cet espace de temps, étant presque au bout de sa carrière, il était sage de songer à la retraite, de penser à se reposer et de céder la place aux jeunes. Maintenant, manquant de raison et ne sachant point modérer ses désirs ambitieux, on veut toujours amasser ; on va jusqu'au dernier souffle, toujours avec la même ardeur, la même ténacité, la même avidité de gain, toujours pour amasser sans cesse, sans être jamais satisfait et plus heureux moralement. Car le bonheur intérieur ne vient pas toujours de la fortune, mais des bienfaits qu'on laisse derrière soi. Si les hommes se donnaient autant de peine pour être justes, probes, qu'ils s'en donnent pour devenir riches, quelle belle société cela ferait ! Mais ce n'est point cela qui préoccupe la plupart. On ne parle que de millions, et c'est pour en avoir le plus possible qu'on semble vivre. Autrefois, comme je viens de le dire, on mettait trente à quarante ans pour réaliser une fortune de deux cent mille francs à peu près ; maintenant, au bout de dix ans, il y en a qui sont deux ou trois fois millionnaires, quand la fortune de ceux qu'ils ont occupés est toujours la même. Celle de ces derniers, cela se conçoit, ne peut être identique ; mais s'il y avait eu plus de générosité, si leurs salaires avaient été plus élevés, les uns ne seraient pas si riches, et les travailleurs auraient un plus grand bien-être, ce qui les dispenserait d'avoir recours aux *Fourneaux économiques* et autres espèces de dons, qui sont un soulagement, je le veux bien, mais qui ne les sauvent point de la misère, et ce que pourrait faire un salaire plus élevé. Là est le salut pour le bien-être de tous.

*
* *

C'est à partir de 1843 environ que la falsification des soies, à Lyon, a commencé. Trouvant que la fortune ne venait pas assez vite, pas aussi vite que certains négociants le désiraient, on eut recours à la fraude. On s'entendit avec le teinturier, et le langage tenu fut celui-ci : « *Pouvez-vous*, leur dit-on, *faire prendre aux soies soixante à quatre-vingt pour cent de leur poids naturel ?* On dit oui. On essaya, et l'essai répondant aux espérances qu'on en attendait, le système fut adopté et continué.

Viendra-t-on me demander et me dire de donner les preuves de ce que j'avance ? On doit comprendre que je ne les ai pas sous la main. Et devant mes affirmations, si vraies qu'elles puissent être, je ne puis recueillir, d'un certain nombre d'intéressés à cet ordre de choses, que des dénégations formulées en termes divers, *bien sentis et indignés*. Mais on peut consulter et interroger les ouvriers tisseurs ; tous disent la même chose, parce que je ne suis pas seul à le dire, mais un écho bien faible de ce qui se dit. De plus, on peut faire analyser les soies, les étoffes fabriquées, et l'on verra qu'elles n'ont plus la même pureté que nos mères se plaisaient à leur reconnaître et à louer.

Autre désagrément pour le tisseur. Par le fait des

mauvais ingrédients, mis à l'excès pour composer la teinture, non seulement elle altérait la durée des étoffes, mais elle rendait pour l'ouvrier le tissage plus pénible et plus difficile et en même temps moins rémunérateur pour lui, attendu que le tissage étant plus difficile, il ne pouvait plus faire la même journée, bien qu'il travaillât le même nombre d'heures. Il y a donc préjudice et pour le tisseur et pour le consommateur, auquel, par cet ingénieux procédé de tromperie, on vend plus de teinture que de soie.

Les premiers à s'apercevoir et à reconnaître l'altération de la teinture employée pour les soies, furent les ouvriers tisseurs. Pour les étoffes unies, telles que le taffetas et autres du même genre on est obligé, pour éviter un moirage factice et lui conserver son lustre, son éclat naturel, de mettre sur le rouleau où l'étoffe se place en la tissant, des papiers qui se touchent les uns les autres, jusqu'à la fin de la pièce, dont la longueur peut varier de soixante à soixante-dix mètres. Ces papiers, ordinairement, n'étaient mis à la retraite et vendus aux vieux papiers qu'après un long état de service de quelques années. La falsification de la teinture a modifié cette coutume. Les premières pièces pour lesquelles ils étaient employés suffisaient pour les faire mettre au rebut. On les retirait étrangement maculés, gras comme s'ils avaient été graissés avec de l'huile ou tout autre corps gras, et avec cela, exhalant une odeur fétide, insupportable, qui nécessitait l'ouverture des croisées pour aérer l'appartement, ce qui ne se faisait pas anciennement.

Les dames qui jadis portaient des robes de soie, si à la promenade elles se couvraient de poussière, une fois rentrées au logis elles prenaient simplement un mouchoir blanc, essuyaient leurs robes comme de la toile cirée et tout disparaissait comme par enchantement, sans laisser de trace. Maintenant, par le fait des ingrédients, des corps gras dont se compose la teinture, la poussière qui recouvre une robe de soie ne s'efface plus ; elle fait corps avec le tissu. C'est une espèce de mastic, pour ainsi dire, qu'il est presque impossible d'enlever et qui fait de la robe un vêtement, sinon perdu, mais bien compromis comme fraîcheur et dont on ne se pare plus avec plaisir.

*
* *

J'entends souvent dire que la fabrique des étoffes de soie, à Lyon, émigre à l'étranger. La cause de cette émigration n'est-elle pas un peu la falsification elle-même ? Les étrangers n'étant plus satisfaits de nos produits, de notre manière de faire, quoi d'étonnant qu'ils nous abandonnent et nous laissent avec notre mauvaise foi qu'on ne veut point avouer, mais qui existe malheureusement. En procédant ainsi on travaille à la ruine de son pays, de son déshonneur. On est cause de son propre mal et l'on se plaint !

Il y a cinquante ans, les commissionnaires de la Russie, d'Allemagne, d'Angleterre, d'Autriche et d'Amérique venaient, chaque année, aux mêmes époques, à Lyon, la ville-reine pour la fabrique des étoffes de soie, comme je l'ai entendu dire, faire leurs commandes de divers articles. Les produits en ce genre étaient recherchés, non seulement pour le fini et la beauté de l'exécution, mais aussi pour la bonne qualité des tissus qui étaient sans rivaux. La place de Lyon avait une réputation de probité européenne, chose que maintes fois j'ai entendu dire. Et si toutefois je ne suis point exact, pour cela comme pour tout le reste, on fera bien de me le dire.

Les étrangers viennent bien encore chercher les étoffes de Lyon, mais les achats qu'ils font ne sont plus aussi considérables que par le passé, ce qui place l'industrie lyonnaise dans un marasme continuel dont les plus lésés, dans leur intérêt, sont en quelque sorte les tisseurs, bien que tout le monde ait à en souffrir.

Les commissionnaires étrangers et les maisons dont ils étaient les représentants ne voulant plus être victimes de notre *progrès*, je veux dire fraude, se sont organisés pour fabriquer chez eux, dans une certaine mesure, ce que chaque année ils venaient demander à notre industrie.

A cette cause, préjudiciable à notre commerce, s'en ajoute une autre qui a également facilité l'émigration de la soierie à l'étranger. La voici :

Dans l'industrie pour la fabrique des étoffes de soie et bien qu'aux tisseurs on leur jette à la face le sobriquet de *canut*, je ferai observer que chez ces humbles artisans il y en a de très intelligents dans leur partie, des vrais artistes, pour dire le mot, surtout pour les ouvrages à la Jacquard, étoffes dites façonnées. Lyon, pour ce genre d'étoffe et pour les autres, a toujours eu le premier prix dans les expositions toutes les fois que la fabrique lyonnaise a voulu entrer en concours.

Les artistes tisseurs, ouvriers intelligents que je signale ici, ont été observés, remarqués des étrangers et finalement recherchés, puis sollicités et gagnés par les offres avantageuses qui leur ont été faites pour les décider à quitter leur ville natale et donner leur savoir aux étrangers et le moyen de faire eux-mêmes, chez eux, ce qu'ils venaient nous demander. Ce genre d'émigration et de sollicitations faites aux ouvriers tisseurs lyonnais, par les étrangers, date d'une quarantaine d'années. Or, chaque nation, pour produire chez elle les mêmes tissus, s'organisa de façon à réussir dans cette entreprise. Chacune, de son côté, attirait les ouvriers français intelligents, habiles dans l'industrie qu'elle voulait pratiquer elle-même et capables, pour cela, de l'instruire sur ce qu'elle pouvait ignorer. A ces ouvriers, des offres avantageuses furent faites; on fit miroiter à leurs yeux un avenir éblouissant de bien-être pour les entraîner et les décider à partir, ne se doutant pas que, dans leur départ, ils emportaient avec eux une partie de la gloire de leur pays qu'ils sacrifiaient à leur intérêt particulier.

Ceux qui ont accepté ces offres ne l'ont point fait avec l'intention de nuire à leur pays; pas heureux peut-être, ils ont accepté le bien-être qui leur était offert. Quelque soit le mobile qui les ait fait agir et conduits, leur émigration en ce genre nous a été préjudiciable.

Quand les étrangers eurent pris de ces ouvriers intelligents tout ce qu'ils voulaient, qu'ils ne pouvaient plus rien leur donner ni rien leur apprendre dans l'art de faire comme nous, on les renvoya, sans doute désappointés dans leurs espérances, comme peut l'être un citron après qu'on en a exprimé le jus.

Dès ce moment, la fabrique lyonnaise venait d'être frappée, je ne dirai pas mortellement, mais cruellement blessée. Si elle ne meurt pas définitivement de cette blessure, cela tiendra aux efforts honnêtes qui seront faits, si toutefois on en veut faire. Mais, je le répète ici, ce n'est pas, à mon avis, par l'abaissement des salaires qu'on parviendra à la relever.

L'abaissement des salaires n'est pas un moyen, mais

seulement un appauvrissement de fortune, de bien-être pour ceux qui vivent de cette industrie. Les ouvriers ne pouvant plus vivre de leur état, ce qui a été exprimé par quelques-uns d'entre eux aux fabricants, finiront par l'abandonner définitivement, ce qui fera encore la force des nations étrangères, qui ne pourront être que satisfaites de notre dépérissement. C'est là, selon moi, tout l'avantage qu'on peut retirer de l'abaissement des façons pour le tisseur.

Je ne vois donc qu'un moyen vraiment pratique et salutaire pour relever la soierie à Lyon, c'est d'abandonner tous les moyens qui sont nuisibles et préjudiciables à sa réputation ; je veux dire la falsification des soies par la teinture ; revenir à la bonne foi, à la probité pour tout dire, qui était, il y a cinquante ans, l'auréole du commerce lyonnais et français tout à la fois.

Cet appel fait à l'honneur, à la loyauté s'adresse à tous. En entrant dans cette voie, la fabrique lyonnaise reprendra son essor, elle renaîtra d'elle-même. En s'inspirant de principes de loyauté, et faisant mieux, les acheteurs reviendront à Lyon, et la soierie sera ce qu'elle était autrefois, une gloire française et nationale.

Cela dit pour relever le commerce français, je ne puis m'arrêter là sans adresser un mot de blâme aux falsificateurs, qui, par leur ruse hypocrite, en compromettent tout le succès. Qu'ils le sachent bien, les enfants qui aiment leurs parents, qui les respectent, ne font rien qui puisse leur faire de la peine et qui puisse leur faire honte ; bien que toutes les fautes soient personnelles, on n'aime pas que les siens se déshonorent. Il en est de même ici pour les nations, et je crois ma comparaison assez juste. Tout homme qui aime son pays fait tout ce qu'il peut pour sa gloire, rien qui puisse la ternir. Or, tout citoyen qui n'apporte pas la bonne foi, l'honnêteté dans toutes ses actions, tout citoyen qui, dans les affaires commerciales, trompe et falsifie les marchandises vendues et livrées comme bonnes à une nation quelconque, est, pour ainsi dire, traître à son pays, parce qu'il le déshonore et peut faire supposer que tous ceux qui le représentent sont tarés comme lui. Selon que les peuples se conduisent, on les qualifie. La mauvaise foi des Crétois, peuple voisin de la Grèce, par le fait de leurs fourberies, était devenue proverbiale, à certain moment de leur décadence. Si bien que les Grecs, voulant qualifier un homme improbe, disaient qu'il était *crétisé*, c'est-à-dire menteur et fourbe.

Chez tous les peuples, il y en a qui sont ainsi; c'est le plus grand nombre en ce genre qui amène le qualificatif donné aux Crétois. Tous les peuples également sont fiers d'eux-mêmes et disent tous qu'ils sont supérieurs aux autres, bien que chez tous il s'en trouve qui se conduisent comme les habitants de l'île de Crète. Eh bien! quel est celui d'entre eux qui voudrait qu'on le traitât avec la même irrévérence, le qualificatif étant même justifié par leurs actions? Aucun. Et si on le faisait, quelle clameur de leur part! Ainsi sont les hommes : ils veulent bien faire des sottises au profit de leur intérêt particulier, mais il ne faut pas le leur reprocher; ils veulent bien l'estime et le respect de tous, mais ne rien faire de bien méritant pour l'obtenir : ils veulent les honneurs, les louanges sans avoir le mérite réel qui les justifie, ce qui donne, comme on voit, la mesure du bon caractère et du bon naturel de notre espèce. J'entends quelquefois parler de revanche contre la Prusse; il y a même une ligue de *patriotes* formée pour cela. La meilleure revanche, selon moi, qu'un peuple puisse prendre sur un autre, — ceci à l'adresse de tous, — c'est de mieux faire, c'est d'être plus équitable et loyal en toutes choses, afin qu'une conduite aussi sage et philosophique porte envie aux peuples voisins et, tout en leur servant de modèle sous ce rapport, leur donne la bonne pensée de l'imiter, gloire aussi méritante et plus digne que celle de faire des conquêtes, dont le seul but, chez tous, est de prendre injustement ce qui ne leur appartient pas. En donnant aux peuples des pensées et des inspirations de ce genre, c'est, je crois, pour tous leur assurer le bonheur et l'harmonie pour l'avenir.

*
* *

On voudrait effacer de son esprit l'idée de falsification à laquelle on se livre sur toutes choses, que les preuves malheureusement trop nombreuses qui se produisent vous y ramènent malgré soi.

M. Ch. Girard, directeur du laboratoire municipal de Paris, vient de publier un rapport sur les fraudes qu'il a reconnues. J'en détache ce qui suit pour donner une idée de la loyauté des commerçants et du commerce tout à la fois : « *Eau contenant des matières fécales* « *et animales ; vin sophistiqué au moyen des subs-* « *tances les plus inimaginables ; bière au buis et au* « *cubèbe ; poivre fait avec des os pulvérisés ; beurre* « *au suif, jauni avec du jus de carottes* », — et ces industriels s'étonneront sans doute qu'on les appelle *carottiers* ou *crétois !* — « *pain dont la pâte a été pé-* « *trie avec de l'eau fétide de citerne placée à côté des* « *lieux d'aisances ; pâtisseries à la margarine et au*

« *pétrole ; primeurs conservées au sulfate de cuivre ;*
« *café avec adjonction de foie desséché et d'excré-*
« *ments d'animaux ; lait mouillé et épaissi avec de*
« *la cervelle de chat ; tablettes de chocolat où le cacao*
« *est remplacé par du suif de mouton, le plus sou-*
« *vent falsifié lui-même, mêlé à de la farine de hari-*
« *cots rouges ; pâtes alimentaires coloriées avec de la*
« *chrysaniline ou du dinitrocrisyloi ; miel mélangé*
« *d'amidon, de gélatine et de sable*, etc.

La falsification des substances alimentaires offre un danger qu'il est bon de considérer, qui est celui-ci : c'est de créer chez les citoyens, quotidiennement empoisonnés, des maladies étranges, bizarres, incompréhensibles et capables de dérouter, d'égarer la sagacité du médecin, qui, avec beaucoup de soins, et ne soupçonnant pas de suite l'ennemi qu'il doit combattre, ne sait plus, à son grand regret, à quel saint se vouer. Il y a donc urgence et nécessité d'arrêter un tel homicide.

La chimie dévoile à nos yeux la fraude, dont le public est victime ; aux magistrats, aux représentants de la nation de faire une loi assez sévère pour la réprimer et la punir dans la personne du falsificateur, en l'envoyant au bagne pour un certain nombre d'années. Je l'ai déjà demandé autre part ; le demander encore une fois ici n'est pas de trop, puisque le mal se continue.

Quand on fait du commerce, il ne s'agit pas de le faire sans profit. Chacun doit vivre de son industrie, quelle qu'elle soit. Je dirai donc aux marchands de tous les genres : Vendez votre marchandise cher, si vous y êtes forcés ; vendez-la ce qu'il faut pour que vous puissiez vivre ; mais ne trompez point ; vendez-la naturelle, bonne comme l'honnêteté veut qu'elle soit et doit être vendue. Vous gagnerez à cela, non seulement l'estime de vous-mêmes, mais celle de tous, ce qui ne s'obtient qu'après le devoir accompli, qui sera pour vous l'auréole sublime d'une vie dignement remplie et de votre séjour ici-bas. Celui qui a vécu ainsi ne craint point la mort : c'est l'esprit tranquille, l'âme dégagée de tout reproche, que, vers des régions sans doute plus heureuses, il est transporté vers les êtres aimés qui ne sont plus, et pour ne plus les quitter.

***

Avant d'en venir au châtiment, qu'il est toujours douloureux d'appliquer, si mérité qu'il soit, tâchons de le rendre le moins nécessaire possible, en relevant l'esprit des hommes, en leur inspirant le respect d'eux-mêmes par de bonnes actions et une certaine horreur pour tout ce qui n'est pas l'honnêteté et la bonne foi même. Pour cela il faut familiariser l'enfant avec les choses pures, l'habituer à entendre louer les bonnes actions, pour lui donner non seulement l'inspiration de faire les mêmes, mais encore pour n'en point commettre de malhonnêtes. Et pour arriver plus sûrement à un tel résultat, on pourrait peut-être procéder ainsi : lorsqu'un jeune homme serait arrivé à l'âge de vingt ans, qu'il est électeur, soldat, à partir de cet âge, où l'on comprend parfaitement ce qui est bien d'avec ce qui ne l'est pas, on devrait exiger que tous prêtassent le serment suivant, bien simple en lui-même :

Je jure de ne jamais trahir, ni voler aucun de mes semblables; je jure de toujours vivre honnêtement, d'être loyal dans toutes mes actions, pour tous et envers tous.

Je ne veux certes pas croire que ce serment ne serait pas violé par quelques-uns ; mais soyez persuadés que cette violation même étant une infamie, une déchéance de dignité à leurs propres yeux, serait encore un remords qui lui viendrait sans cesse à l'esprit, quand bien même il serait le seul à connaître sa trahison, et sa constance à lui reprocher sa faute finirait peut-être aussi par le ramener, ou tous les ramener dans la voie honnête, conforme à celle qu'ils avaient juré de suivre, d'observer, et qu'une circonstance malheureuse aurait pu quelquefois leur faire abandonner.

Je ne sais pas si le lecteur trouvera cette idée pratique ou cocasse. Dans tous les cas, exiger solennellement un tel serment des jeunes hommes arrivés à l'âge de raison, ne pourrait leur être préjudiciable en aucune façon, mais plutôt les empêcher de mal faire, par le fait du serment qu'ils auraient prêté de rester fidèles à l'honneur.

Il ne faudrait pas trouver cette idée trop chimérique, car je dois avouer que n'ayant pas le talent de l'invention, je n'en suis nullement l'auteur ; seulement je voudrais qu'on adoptât cette coutume pour tout le monde et qu'elle fût admise dans la société.

Cette coutume salutaire existait dans l'armée romaine. Il était défendu aux soldats de voler. « Tous, « nous dit encore Charles Rollin, jurent l'un après « l'autre, et le serment qu'ils font consiste à promettre « qu'ils ne voleront rien dans le camp, et ce qu'ils trou- « veront dans le camp ils le porteront aux tribuns. »

Le vol était puni avec une très grande sévérité. En voici un exemple terrible, même sous les empereurs. Un soldat avait volé une poule à un paysan et l'avait mangée avec neuf autres de la chambrée. L'empereur Pescennius Niger les condamna tous les dix à la mort, et ce ne fut qu'aux instantes prières de toute l'armée qu'il leur laissa la vie, en les obligeant de donner chacun au paysan dix poules et leur imposant une note d'infamie publique tant que durerait cette guerre.

Que de crimes, dit l'historien, une telle rigidité est capable d'arrêter! Et j'ajoute : Quelle belle société il y aurait, si chacun voulait prendre de tels principes pour ligne de conduite!

COMBET (Jean-Louis).

Ce 23 avril 1885.

Lyon. Association typographique, rue de la Barre, 12. — F. PLAN, directeur.

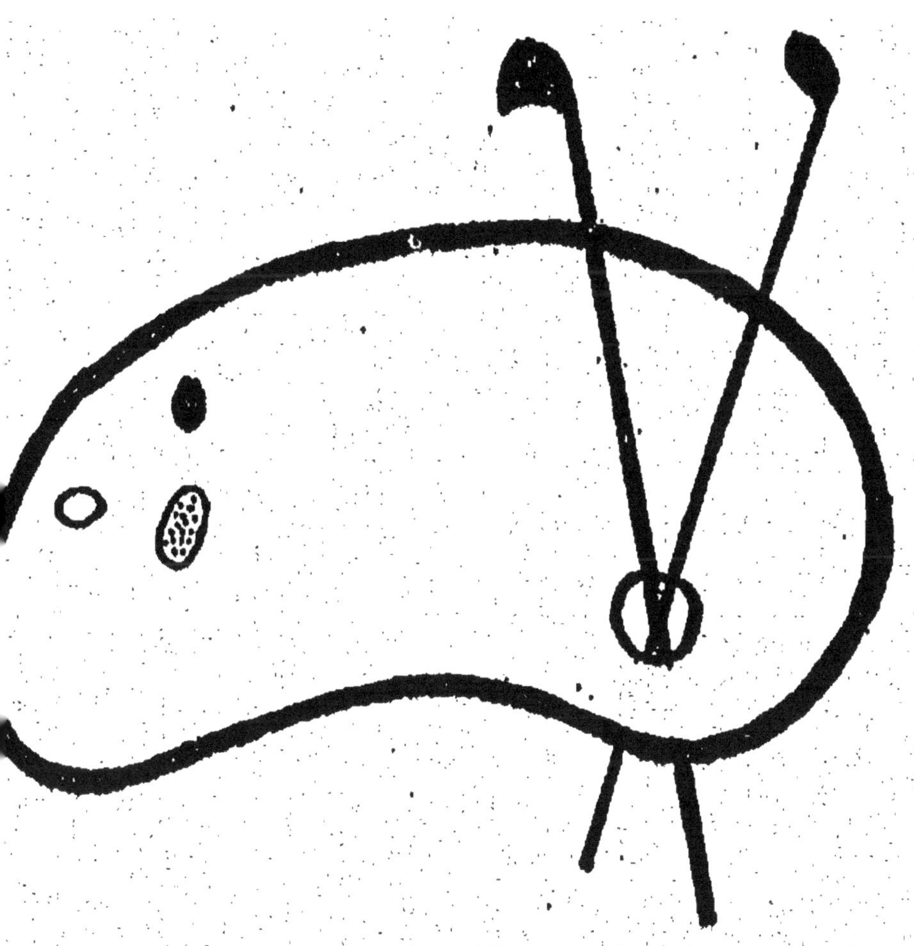

www.ingramcontent.com/pod-product-compliance
Ingram Content Group UK Ltd.
Pitfield, Milton Keynes, MK11 3LW, UK
UKHW012258240726
13966UKWH00004B/1460

9 782012 853058